諷詩調詩集·452

통치통초초·8

박진환 제498시집

지성.감성의 메타언어
조선문학사시인선.946

諷詩調詩集 · 452
통치통초초(痛治痛楚抄) · 8

조선문학사

■ 책머리에

  1960년부터 시를 써 왔으니 금년으로써 시랍 64년이 된다. 10년이면 강산도 변한다는데 시도 64년이면 강산이 변해도 6번을 넘게 변한 셈이다. 명예가 되는 것도 아니고, 그렇다고 돈이 되는 것도 아닌 시에 64년을 매달렸으면 시를 신앙으로 삼았거나 시의 노예가 되었거나 둘 중의 하나이거나 둘 다가 아니었을까 싶어진다. 달리 말할 수 있다면 시에 미쳤거나 미친 광기로 살아왔다는 시의 삶도 곁들여 볼 수 있지 않을까 싶다.
  시력 64년 첫 시집 『귀로』에서 출발한 시는 시집 『통치통초초(痛治痛楚抄)』로 498권째를 발간함으로써, 이어 추가되는 일반시집 『무위의 언어』와 『무위 읽기』 두 권을 합쳐 도합 500권을 상재함으로써 내 시적 마스터플랜을 완결한 셈이다. 시에 대한 평가는 독자의 몫이니 접어 두고 그간 퍽 부지런을 떨었던 듯싶다. 시집 500권을 옛분들의 말씀을 빌면 '한우충동(汗牛充棟)', 소달구지에 실으면 그 무게에 소가 땀을 흘릴 만하고, 쌓아 올리면 그 높이가 대들보에 닿는다 함이니 썩 많은 시집을 엮어냈음을 두고 한 말일 수도 있게 된다.

시를 양으로 따질 수는 없다. 질이 더 중요한 문학적 가치기준이 되어주기 때문이다. 500권에 수록된 시는 어림잡아 4만여 편이 넘을 것으로 본다. 그중에 몇 편이나 읽을 만한 시가 있을지는 오직 독자의 몫이다.

　그간 3행시, 4행시를 비롯, '풍시조(諷詩調)'에 이르기까지 여러 실험이랄까, 새로운 시의 장르에 도전해 왔다. 그중 풍시조는 내가 창발(創發)했다고나 할까. 고 문덕수 시인은 풍시조를 박진환이 시조이자 박진환의 장르라 했고, 성찬경 시인은 '박진환의 발명'이라고 했다. 그리고 홍신선 시인은 '박진환이 창발한 장르'라고 했다.

　그런 연유로 풍시조에 충실했던 것은 사실이고, 충실을 통해 수만 편의 풍시조를 쓰고, 써서 시집으로 엮었다. 그 결과 500권의 시집이 탄생하게 됐다. 앞으로 건강이 허락하는 한 더 좋은 시를 쓰기 위해 최선을 다할 것을 다짐한다.

2024년 초추

저자 씀

박진환 제498시집 / 諷詩調詩集 · 452

통치통초초 · 8

차례

책머리에 / 5

2024년 10월 6일
아닐지? / 13
그림의 떡 / 14
부럽다 / 15
사랑한다 / 16
면할 수 있음 같아서 / 17
그걸 싫어함이다 / 18
wild 아닐 듯 / 19
의상 즐김이어서 / 20
헛소리여서 / 21
실패한 사상이다 / 22
육덕(肉德)의 시대여서 / 23
다르지 않을 듯 / 24
역설이 아닌 역설(力說)이다 / 25
운다 했던가 / 26
불립문자란 것을 / 27
통역관이라 했데만 / 28

인생사여서 / 29
허무 같아서 / 30
인생론이다 / 31
생을 살아와서 / 32
정치에 끌려서 / 33

2024년 10월 7일
새겨 볼만 / 34
개똥만도 못해서 / 35
지지율 / 36
피맛 즐겨서 / 37
허사 아니었던 것을 / 38
활용 못 면해서 / 39
잠시만 새겨진 / 40
명예로만 알아서 / 41
용기도 지혜도 / 42
눈호강 귀호강 / 43
없어질까 / 44
면하겠나 / 45
도망갈 곳도 없어서 / 46
사막살이 하겠나 / 47
? 찍데 / 48
생이란 ? ! / 49
틀린 말도 아니어서 / 50

그리 좋은 것을 / 51
의지부재 / 52
왜?가 될 듯 / 53

2024년 10월 8일
따로 있을 듯 / 54
토 달아야 할 듯 / 55
대형(大形)이어서 / 56
토 달기도 / 57
살인자 세상 안 될지 / 58
칼이었데 / 59
아닐지 / 60
주인행세만 / 61
그 뒤는 독자 몫 / 62
내밀 수도 / 63
쇼쇼쇼 / 64
칼도 무기여서 / 65
그것이 문제로다 / 66
배짱이 더 커서 / 67
대세여서 / 68

2024년 10월 9일
국감이어서 / 69
왕왕(王王) 킹킹(king king)일밖에 / 70

다친다던데 / 71
파탄 초래할 수도 있어서 / 72
스스로 편한 것을 / 73
여야 국회가 그러하듯 / 74
상인 못 면해서 / 75
문전구사 외엔 / 76
우리가 읽는 낙엽은? / 77
정치하는 사람들 눈에만 보이는 / 78
더 사랑한다 / 79
만들기도 해서 / 80
견자여서 / 81
견자와 맹자이고 싶다 / 82
환상을 본 게지 / 83
대노하셨을 것을 / 84
무서시고 노낭물 틀시 잃을시 / 85
더 잘하고 잘 써서 / 86

2024년 10월 10일
죄 자청해 뒤집어쓴 꼴 / 87
물음표 ????? / 88
영웅 탄생 / 89
좋으면 뭘해 / 90
최선일 듯 / 91
과녁은 망국(亡國) / 92

이스라엘 몫일 듯싶어서 / 93
'김건희 나라냐 해야 / 94
대출지수 아니겠는가 / 95
빚진 노예라고 해서 / 96
누구 덕이겠는가? / 97
큰소리다 / 98
정권 심판이어서 / 99
슬픔이겠나 / 100
필요하다가 답인 걸 / 101
한두 번이던가 / 102
직격탄 날릴 듯해서 / 103
거꾸로 말허시네 / 104
그것이 문제로다 / 105
귀 잘라버려야 / 106
대수롭지 않을까? / 107
올려다본 게지 / 108
떠올리게 해서 / 109
조용했으면 / 110
먼저 응답 / 111
국민 눈높이가 그래 / 112

■ **시집 평설을 대신해서_諷詩調에 대한 사계의 견해**
三行詩의 안팎_문덕수 / 113
知的調律에 의한 시 意味의 密度와 結晶度_성찬경 / 122

諷詩調의 깃발과 風向_김용직 / 128
박진환의 3행 '諷詩調'에 대하여_최원규 / 131
풍시조 읽기_문효치 / 136
諷詩調에 나타난 형이상시법의 수사법_최규철 / 140

2024년 10월 6일

아닐지?

삶에의 절망 없이 삶에의 사랑은 있을 수 없다 했데
시에의 절망 없이 시에의 희망은 있을 수 없다
같은 이치라면 절망은 사랑을, 희망의 모태란 뜻 아닐지?

그림의 떡

그림의 떡이란 말이 있다, 단풍이다, 관광이다, 불꽃놀이다, 호시절 헌데, 관심도, 여유도, 취미도 없다, 주어진 하루하루, 주어진 하루치의 내 일당에 매달린다, 정치는 작문정치 단풍은 그림의 떡

부럽다

그림의 떡이 단풍뿐이던가, 욕심 접으면 떡도 한덩이 쌀 범벅으로
보일 뿐, 오죽 작문정치에 식상했으면 식욕까지 그리 됐겠는가
닥치는 대로 욕심껏 자시고 트림하는 건위들이 부럽다

사랑한다

주어진 세 끼 안 거르고, 굶지 않고 제 끼니
찾아먹으면 홍복 아니던가, 호의호식 탐한 적 없으니
주어진 삶 즐김일 듯, 안분지족 분수껏 사는 삶을 사랑한다

면할 수 있을 같아서

더러운 세상, 어찌 깨끗하게 살기를 바라랴, 때 묻으면 씻어낼 줄
알고, 얼룩지면 지울 줄 알면 더러움은 면하고 사는 삶 아닐까
썩고 상한 것 피할 줄 알면 더러움은 면할 수 있을 같아서

그걸 싫어함이다

부달시의(不達時宜)라 했던가, 완고해서 새로움을 좇지 않는다 함이니, 신식 두고 구식으로 살기가 그러할 듯, 신식 싫어하지않으나 신식 정신이란 게 물신사상에 오염된 듯싶어 그걸 싫어함이다

wild 아닐 듯

마음은 낡고, 때 묻어 남루 못 면하고 살면서 겉만 뻔질나게 신식 만연한 유행의시대, 유행은 보아줄 수 없는 추악한 외모를 하고 있어 6개월마다 바꾸지 않으면 안 된다는 O. Wilde의 말 wild 아닐 듯

의상 즐김이어서

바보가 유행을 만들고 현명한 자가 그것을 입는다, 새겨 볼만
바보가 만든 유행을 걸쳤으면 현명 아닌 바보와 동격(同格)이지
유행이란 신·구가 동격이란 걸 모르는 착각의 의상 즐김이어서

헛소리여서

유행이란 따라하고자 하고 닮음으로써 즐거움이 되는 일종의 유혹
성구엔 '유혹에 끌리지 말라' 했고 팔만대장경엔 '유혹이란 구별없이
달라붙는벌레'라했던데, 바이블이고 경이고 유혹앞에서는헛소리여서

실패한 사상이다

첨가물이 섞이지 않는 빵이 진짜 빵이다, 헌데 버터란 유혹이 진짜의 순수를 오염시켜 버린다, 물신주의란 것도 인간의 본능 충족을 위한 순수다, 헌데 버터처럼 황금이란 유혹의 방어엔 실패한 사상이다

육덕(肉德)의 시대여서

인간은 성공을 위해 치열하게 도전하는 욕망의 동물이다. 헌데 성공보다 실패가 더 많은 것이 인간을 동물이게 하는 소이다. 모든 동물의 가장 심한 욕망은 육욕이라 했던데 시대가 육덕의 시대여서

다르지 않을 듯

욕망의 만족보다 욕망 그 자체가 더 큰 쾌락이라 했던가
꿈꾸는 욕망, 꿈이 행복한 소이는 꿈을 지닌 때문이지만
꿈은 깨라고 있는 것이기도 해서, 욕망의 쾌락도 다르지 않을 듯

역설이 아닌 역설(力說)이다

쾌락은 죄다, 그리고 때때로 죄는 쾌락이다, 역설이다, 쾌락은
진리의 발견에 있는 것이 아니고 그 탐구 속에 있다, 역설이다
쾌락을 쫓는 자는 선을 자기의 관능에 둔다, 역설이 아닌 역설이다

운다 했던가

쾌락의 생리는 순경(順境)을 본질로 한다, 헌데 순경엔 역경(逆境)이 수반되거나 동행하기 마련이다, 금요일에 웃는 자는 일요일에 운다 했던가

불립문자란 것을

통곡·슬픔·설움·눈물을 한마디로 집약한다면 울음이 아닐까
울음을 달리 한마디로 말할 수 있다면 눈물이 아닐까
우계를 가슴에 하고 사는 이는 안다 울음·울음이 불립문자란 것을

※ 불립문자(不立文字) : 그 뜻을 글로 나타낼 수 없다 함이니 이심전심으로
이해할 수밖에 없다는 고승전(高僧傳)의 말.

통역관이라 했데만

눈물만큼 빨리 마르는 것도 없다 했던가, 눈물을 슬픔이 말없는 언어라 했던가, 눈물로 씻어지지 않는 슬픔은 없다 했던가, 허면 흘리지 않고 우는 슬픔의 눈물은? 눈물을 위대한 통역관이라 했데만

인생사여서

간디가 그랬던가, 모든 사람의 눈으로부터 흘리는 온갖 눈물을
닦아내는 것이 소원이라고, 방법은 슬픔을 없애는 일인데
눈물나게 고맙지만 기쁨보다 슬픔이 더 많은 것이 인생사여서

허무 같아서

인생의 황금시대는 늘어가는 장래에 있지 지나간 젊은 날의 무지에 있지 않다 했던데, 장래면 미래를 두고 한 말 아니던가, 어쩐다 늙은 미래에 대한 무지나 젊은 날의 무지가 황금시대의 허무 같아서

인생론이다

겉으론 유교로써 몸을닦고, 속으론 불교로써 마음을다스리고 그러는 한편으론 산수풍월가시금주※ 로써 그를 즐긴다 했던데, 시인의 생을 두고 한 시성 백거이의 인생론이다

※ 산수풍월가시금주(山水風月歌詩琴酒) : 산과 물과 바람과 달 한잔 술로 벗하며 노래로써 즐긴다 함이니 백거이(白居易), 이백(李白)의 인생에 대한 진술이다.

생을 살아와서

인간은 두 개의 방법에 의해 산다 했던데, 사회를 따르는가 자연을 따르는가가 그것이다, 맞는 말씀이오나 사회를 따르다 사회와 자연의 틈바구니에 끼어 방법 없이 생을 살아와서

정치에 끌려서

인생의 목적은 끊임없는 정진이라 했던가, 삶에의 치열한 정진을 통한 도전을 왜 모르겠는가마는 나아갈 전진의 길 차단된 지 오래이고, 되풀이하느니 퇴행뿐이어서, 퇴행하는 정치에 끌려서

2024년 10월 7일

새겨 볼만

정부, 의대생들에 '내년복귀 조건으로 휴학 허용' 했던데, 절충안이 되는지 안 되는지는 몰라도 서로 한발씩 양보함이 어떨지, 양보가 때론 성공의 가장 좋은 방법이 되기도 한다는 영 속담 새겨 볼만

개똥만도 못해서

치[寸]를 굽히고 자[尺]를 뻗는다 말도 새겨 볼만, 작은 것을
양보하고 큰 것을 취한다 함이니 의정뿐만이 아닌 한국 외교의
iPien tao도 그러할 듯싶어서, 부달시의란 게 개똥만도 못해서

※ 부달시의(不達時宜) : 고집불통이어서 변동이 없음을 이르는 말

지지율

서울 집값, 윤석열 정부 2년새 전 문재인 정부 5년보다 더 뛰었다데
뛰어오른 것관 달리 투신하듯 뛰어내리는 것도 있어서
뭐냐고? 하락 못 면하는 지지율

피맛 즐겨서

이스라엘 네타냐후는 확전으로 정권 연장하고, 연장 이용
서방은 무기 판매로 짭짤하게 재미보고, 흘린 피로
국익 챙기다니 정작 피를 흘려야 할 쪽이 되레 피맛 즐겨서

허사 아니었던 것을

이런이런, 검찰공화국은 벌써 옛말이 되고 지금은 '김건희공화국'이
됐다는 말도 있네, 이쯤되면 민주공화국이란 말은 고전이 돼버린 셈
하, 여인천하란 옛분들 말씀이 허사 아니었던 것을

활용 못 면해서

'때아닌 이승만 박정희 우상화'라며 '공허한추앙'이라 했데, 대통령의 동상이니 나라님 동상 아니던가, 헌데 정권에 따라 헐기도 하고 세우기도하는등, 덕이나업적기림이아닌 이데올로기활용 못면해서

잡시만 새겨진

대통령의 동상은 그래도 양반, 돌로 세운 시비란 것은 전국 각지에
쑥대밭처럼 돌로 서 있어서, 뿐인가 시비공원도 여러 곳
돌도 오석이나 명석이 아닌 잡석에 잡시(雜詩)만 새겨진

명예로만 알아서

시인들이란게 자랑하기좋아하는족속들일듯, 지하철윈도에 스티커로
붙여진 자신의 시를 신앙처럼 여겨서, 그중엔 돈 주고 부착한
시도 있다데, 그걸 자랑이라고, 추함은 모르고 명예로만 알아서

용기도 지혜도

이것 봐라, 대통령 만찬에 초청되지 못해 열외 됐던 한동훈
보란 듯이 대통령 출국 환송에 불참, 친윤·친한도 경계 뚜렷
차별화 없인 넘어서지 못할 한계 깨달은 듯, 알아야 용기도 지혜도

눈호강 귀호강

2024 서울 세계 불꽃축제에 100만이 넘게 구경왔다데, 공것이면 양잿물도먹는다더니, 눈호강이 그리좋은건가? 귀호강은더해, 명가수 노래판엔 표못사 암표가 몇백만원에 거래라데 웃기는 눈호강 귀호강

없어질까

원격 계량기 보급 직격탄에 전기검침원들이 떠난다 했던데
뿐인가, 로봇에 밀려 일자리 떠나는 인간 수두룩
AI, 로봇시대 되면 더러운 정치싸움 같은 것 없어질까

면하겠나

해마다 건보재정 1200억 쓰는데, 폐결핵 진단율은 고작 0.004%라데
한마디로 쓰나마나, 허긴 폐결핵이란 게 암·뇌졸중·치매 같은
병엔 끼이지도 못하니 어찌 푸대접 면하겠나

도망갈 곳도 없어서

무섭게 오른 한반도 해수 온도에 물고기들도 도망쳤다던데
물고기들이 부럽다, 도망쳐 갈 곳이라도 있으니 다행 아니던가
한반도 얼간이들은 hell조선 말고는 도망갈 곳도 없어서

사막살이 하겠나

기후위기에 사막이 된 바다, '해녀는 생존할 수 있을까?
사막화면 해녀들 할 일 없으니 바다 일터 삼겠나
고기도 살길 찾아 떠난다는데 하물며 인간이 사막살이 하겠나

? 찍데

체코원전 수출에 기고만장했던 정부, 체코 반환보증 안 해줘 '빌려준 돈 못 받을 수도 있다데, 어쩐지, 구겨진 구석 있을 듯 했더니 행여나가 역시나 될 수도, '수주경제효과'에 벌써부터 ? 찍데

생이란 ? !

먹고 사는 문제에 ? 찍고, 죽고 사는 문제에 ! 찍었던데
음미해 볼만, 어떻게 무얼해서 먹고 살아야 할 것인가?
어떻게 부끄럼 없이 살다가 부끄럼 없이 죽을 수 있다면? 생이란 ?!

틀린 말도 아니어서

22대 국회를 '김건희 국감'이라 했데, 틀린 말 아닌 것이
'검찰공화국'에서 '김건희공화국'된 듯싶어서, 맞는 말이라면
김건희 국감이 틀린 말도 아니어서

그리 좋은 것을

'이스라엘의 광기와 만행' 했던데, 모르시는 말씀
네타냐후는 정권유지 수단으로 전쟁이 생명이고
열강들은 전쟁 틈새 이용 무기 팔아 국익 챙기고, 그리 좋은 것을

의지부재

가자전쟁 1년을 미 바이든의 실패로 간주했는데, 그도 그럴 것이 미국은 지금 이스라엘의 전쟁을 멈출 능력도, 의사도 없다는 진단이 그것, 하나 더 진단서에 기록돼야 할 것은 의지부재

왜?가 될 듯

'한국이 싫어서' 왜? 어떤 이는 한국을 살만한 곳으로 알고 있고 어떤 이는 한국의 발전을 기적으로 말하기도 하고, 또 어떤 이는 한국을 사랑한다고도 하던데 왜? 모든 것이 답 아닌 왜?가 될 듯

2024년 10월 8일

따로 있을 듯

국감장 달군 '김건희 국정농단 공방' 했던데, 국정감사가 '김건희 국감장' 된 느낌, 느낌뿐만이 아닐 듯, '김건희공화국'이란 말 터져 나온걸로보면 국감은국감인데, 진짜 국감 대상자는 따로있을듯

토 달아야 할 듯

법관 65%가 '검찰 과도한 압수수색 영장 청구로 인권 침해'라며
'통제 필요' 의견 피력, 법관 눈에 '인권 침해로 보였다면
토 달 것 없고 '통제 필요' 제시했다면 '절대 통제'란 토 달아야 할듯

대형(大形)이어서

한동훈 국민의당 대표, '김여사 리스크'에 '나라와 당 사는 방안 선택'
말 바꿔보면 '나라와 당 살리기 위해'서는 특정인 희생도 불사쯤이
될 듯, 대도(大道)는 좁네마는 길 막는 차단기도 대형이어서

토 달기도

이・하마스전쟁 세계의외침은 '휴전'인데 이 네타냐후외침은 싸우자 UN도 뾰족수 없고, 있다손 쳐도 먹히지도 않아서, 허기사 싸움에 목숨이달려있어 이기는것이 생명연장, '해서 우리가이길것' 토달기도

살인자 세상 안 될지

낙동강유역 주민코에서 '녹조독소'가 발견됐다데, 녹조에어로졸 때문
녹조 에어로졸을 '조용한 살인자'라고도 했데, 도심에는 칼 든
살인자, 강변엔 녹조 살인자 횡횡, 이러다 살인자 세상 안 될지

칼이었데

법관의 '무분별 압수영장 통제 필요'에 검찰, "구워먹든
삶아먹든 무슨 상관"식, 검찰공화국 칼이 비리 잘라내고
도려내는 칼인 줄 알았더니 인권 잡아먹는 칼이었데

아닐지

이승만 동상이다, 박정희 동상이다 해서 동상이 화두
이를 두고 '노골적 숭배'라 했던데, 우상화 의도가 배후
배후의 배후엔 또 다른 스스로의 우상화 염두에 둔 것이나 아닐지

주인행세만

윤 정부 '기금돌려막기' 3년, 전 문정부의 3배라데
막을 대책 마련 없고, 의지하느니 '국채' 발행, 국채란 게
나라 빚 아니던가, 빚진 노예라던데, 그래도 주인행세만

그 뒤는 독자 몫

김건희 리스크를 해결하지 않고서는 국정운영이 불가능 상태 했데
그런데도 윤대통령은 '국정성공보다 배우자 보호'라고도 했데
때맞춰 한동훈 '나라와 당 위해서라면' 했던데, 그 뒤는 독자 몫

내밀 수도

'독자 많'이면 독자가 댓글로 잇든지, 독자가 알아서 읽으란 뜻 글로 잇는다면? '나라와 당 위해선' 여사고 뭐고 없다도 돼서 결심만 한다면 거느린 친한계 의원 표 내밀 수도

쇼쇼쇼

정치판 개판이란 건 어제 오늘의 일이 아니다, 붙었다 하면 깽깽이판
이전투구, 저질렀다 하면 꼼수나 불법, 일으켰다 하면 정치쇼
쇼쇼쇼, 명태균·김건희·이재명, 또 누구 없나 주인공감, 쇼쇼쇼

칼도 무기여서

한동훈 대표에게도 8표의 힘이 있다네, 무슨 힘, 결심하기에 따라선 죽일수도, 살릴수도 있는 양날의 칼로 쓸 수 있는 힘, 토인비 선생왈 인류는 만든 무기를 쓰지 않은 적이 없었다, 칼도 무기여서

그것이 문제로다

'김여사 리스크에 입 연 한동훈' 했던데 입만 열겠나, 결심하기에 따라선 힘으로 맞설 수도, 힘이란 게 8표, 8표로써 80표를 죽일 수 있는 힘 8표, 팔 것이냐? 말 것이냐? 그것이 문제로다

배짱이 더 커서

국정감사에 많은 증인들이 채택된 모양이던데, 출석회피 많아서 소이는 출석 안 해도 동행명령에 구속력이 없어서, 불출석 증인에게 징역 3년이하 징역, 1천~3천만원 벌금형 없지않으나 배짱이 더커서

대세여서

서울 집값 지속 ↑↑↑인데 국토교통부장관은 '전국적 안정세' 했데
서울과 달리 지방 집값은 →→→ 아니면 ↓↓↓이니 상쇄하면
안정세, 이치론 그러한데 실제로는 ↑↑↑ 대세여서

2024년 10월 9일

국감이어서

국감, 나랏일은 뒷전이고 입맛대로 국 끓이고, 밥 짓고 비리폭로 잔치만, 허니 '김건희국감', '이재명국감' 소리 담 밖까지, 비리 비늘 벗겨 생선 몇 토막 국감으로 집어넣고 끓인 국 잔치가 국감이어서

왕왕(王王) 킹킹(king king)일밖에

국감잔칫상차려놓고벌이느니싸움판만, 해서하는말, 어떤이는 국회를 '쌈닭장'이라 하고, 어떤 이는 샅바싸움의 씨름판, 또 어떤 이는 이전투구 개판이라 하데, 판 이 지경이니 판소리가 왕왕 킹킹일밖에

다친다던데

형제끼리 담안에서 싸우는 형제혁장(兄弟鬩墻)이나 국회에서 여야가 싸우는 것이나 다를 바 없는 싸움, 유식하겐 범과 용이 싸운다고 호척용나, 두 호랑이가 싸우면 작은 것은 죽고, 큰 것은 다친다던데

파탄 초래할 수도 있어서

사랑하는 사람끼리 싸우면 사랑의 갱신(更新)이다 했던데, 싸우면 싸울수록 사랑이 정으로 다져짐이니 다다익선, 헌데 정당끼리 싸우면 정치 파탄 초래, 종국에는 국가가 찢어지는 파탄 초래할 수도 있어서

스스로 편한 것을

탓해 뭘 하고, 헐뜯어 뭘 하겠나, 국회란 풍토가 싸움터인걸
무쟁자안이라 했던가, 승리는 원한을, 패함은 괴로움을
이기고 짐 모두 떠나 다툼이 없으면 스스로 편한 것을

※ 무쟁자안(無諍自安) : 채근담에 나오는 말로 싸우지 않으면 이기고 짐이
없어 스스로 편하다는 말.

여야 국회가 그러하듯

'가는 방망이 오는 홍두깨'란 우리 속담이 있다, 흡사 남북의 다툼이 그러할 듯, '고래싸움에 새우등 터진다'도, G2사이에 낀 우리 처지가 그러하듯, '사나운 개 입 성한 날 없다'도, 여야 국회가 그러하듯

상인 못 면해서

국회를 지위를얻기위해 양심을물물교환하는 커다란시장이라 했던데 시장도 사고파는 그런 시장이 아닌 '물물교환' 시장이면 규유분호 상인(商人)을 두고 한 말 아니던가, 상인이 상인(常人) 못 면해서

※ 규유분호(窺兪分毫) : 사소한 것도 엿보아 훔친다 함이니 장사치를 이르는 말.

문전구사 외엔

상인들에게는 조국이 없다 했던가, 그들은 이득을 얻는 것 외에는
집착하지 않는다 했던가, 국회가 시장이란 소이, 장사치를 두고 한
말이니 애국이니 민족인들 안중에나 있겠는가 문전구사 외엔

※ 문전구사(門田求舍) : 기름진 논과 좋은 집을 구한다 함이니 국사는
외면하고 자당의 이익에만 관심한단 뜻

우리가 읽는 낙엽은?

일엽낙천지추(一葉落天地秋), 한 잎 지는 낙엽을 보고 천하에 가을이 왔음을 안다 함이니 유안(劉安)과 이자경(李子卿)의 설산훈(說山訓)과 추충부(秋忠賦)의 발문이다, 우리가 읽는 낙엽은?

정치하는 사람들 눈에만 보이는

한술 더 떠 눈에 보이는 가을 읽기 낙엽이 아니라, 낙엽으로
추락(秋落) 아닌 추락(墜落)을 읽어서, 무슨 추락이냐고
지지율이라는 정치하는 사람들 눈에만 보이는

더 사랑한다

우리들은 눈이 둘 있다, 하나는 좋은 부분, 선을 보는 데 쓰이고
또 하나는 악을 보는 눈이다, 둘 중 후자적 눈을 가진 이는
많지 않다 했던데 그 후자 쪽을 보는 눈을 나는 더 사랑한다

만들기도 해서

인간의 눈은 속여도 하나님의 눈은 속일 수 없다 했던가
맞는 말이오나 구식이다, 신식 눈은 인간의 눈은 물론
자신의 눈도 속이고 하나님을 눈이 없는 존재로 만들기도 해서

견자여서

시인을 견자라 했던가, 해석하면 보는 자란 뜻, 헌데 보지 않고도
보는 자가 되고, 가려져 드러나지 않은 숨은 것을 보기도 하고
꼭 보지 않아서는 안 될 것을 볼 줄도 알고 보여줘야 견자여서

견자와 맹자이고 싶다

눈감고도 볼줄알고, 더 잘 보이고, 눈뜨고도 볼줄모르고, 보이지않는 견자(見者)와 맹자(盲者), 당신은 어느 쪽인가, 보아서는 안 될 건 외면할줄알고 보지않아서는 안될건 볼줄 아는 견자와 맹자이고 싶다

환상을 본 게지

눈을 마음의 등불이라 했던데, 있는 빛도 볼 줄 모르는데
마음에등불있단들 켜졌기나 했겠는가, 보이는대로, 사실을 사실대로
볼 줄 아는 눈도 지니지 못하면서 마음의 등불이면 환상을 본 게지

대노하셨을 것을

세종대왕님, 광화문 한복판 소음지대에 대왕님 모셔놓고
구리귀로 귀 막아서 다행이지, 잡소리·헛소리 등 솔구이발, 그것도
우리말 아닌 혀구부러진 노랑말로 들렸던들 대왕님 대노하셨을 것을

구겨지고 노랑물 들지 않을지

길거리 간판, 신문 지면, 그것도 큰 글자들 알도 듣도 못했던 혀 꼬부라진말, '외국어를 숙달한만큼 국어를 숙달한만한 능력이 없다'※ 했던데, 혀 꼬부라진 말에 반듯한 국어 구겨지고 노랑물 들지 않을지

※ 버나드 쇼옹의 말

더 잘하고 잘 써서

걱정도 팔자, 이미 국어 노랑말에 물들고 구부러진 혀, 멍멍멍 콧소리에 펴질 줄 모르는데, 한글 우수성 되풀이만, 우수하면 뭘해, 머리 우수한 놈일수록 한글보다 노랑말을 더 잘하고 잘 써서

2024년 10월 10일

죄 자청해 뒤집어쓴 꼴

김건희여사 주가조작, 김여사계좌 내가 관리했다에 통정매매도 맞다
검찰진술 사실확인, 검찰에서 진술 이리 나왔다면 검찰, 범죄사실
누구보다 더 잘 알터, 그래도 검찰은 불기소, 죄 자청해 뒤집어쓴 꼴

물음표 ?????

검찰의 김건희 여사 주가조작 불기소, 도이치 핵심 판결문과 배치돼
이중잣대 들이댔나? 내놓고 봐주기로 했나? 공정성에 위배됨은
없나? 따질수록 늘어나는 건 답이 아닌 건자마다 물음표 ?????

영웅 탄생

국감장마다 김건희, 김건희, 김건희, 입 열었다 하면
김건희, 김건희, 김건희, 소리 질렀다 하면 김건희, 김건희
국민들도 따라 김건희, 김건희, 김건희, 영웅 탄생

좋으면 뭘해

'범람하는 외국어, 우리말로 쉽고 바르게' 했던데, 좋은 일
좋으면 권장하고 활성화해야 하는데 아무리 좋아도
사용자는 혀꼬부랑에 노랑말을 더 좋아하니 좋으면 뭘해

최선일 듯

말뿐인가, 매사 모든 것 죄다 국산보다 외국산을 선호해서
혀만 꼬부라진 게 아닌 듯, 머리도, 마음도 반쯤은 외로 돌아간 듯
바로 돌리기엔 이미 글렀고 더 못 돌아가게 함이 최선일 듯

과녁은 망국(亡國)

최선이 이 지경이면 최악과 다르지 않아서, 그뿐이면 좋게
최악이 진행형 → 외제 → 외국산 → 수입외제품
→ → → → →, 과녁은 망국(亡國)

이스라엘 몫일 듯싶어서

'이·하마스 전쟁 1년이 남긴 것' 했던데, 뭘 남겼다고 보셔?
피, 패권, 악, 원한, 편가르기, 무기장사, 살인, 분노, 저주
죽음이 고스란히 이스라엘 몫일 듯싶어서

'김건희 나라냐' 해야

세월호 때, '이것도 나라냐'에서 이태원참사 때 '나라가 없다, 지금은 '김건희 대통령놀이 이게 나라냐' 했데, 국민이 뽑은 대통령 두고 '김건희 대통령놀이'면 이 나라가 '김건희 나라냐' 해야

대출지수 아니겠는가

누구 나라면 뭘하고, 나라가 있으면 뭘하고, 없으면 또 뭘하냐
국가란 일종의 커다란 짐승이라 했던데, 그 짐승 밥 된 지 이미 오래
목숨 부지하고 살고 있으니 대춘지수 아니겠는가

※ 대춘지수(大椿之壽) : 장수함을 이르는 말

빚진 노예라고 해서

2024년 세수결손 어떻게 할 것인가? 했던데, 어떻게 하면 좋겠소, 답 있어 물어본 거요, 없으니 구하는 거요, 물었으니 답 합시다, 빚으로 메우면 되지요, 헌데 빚진 노예라고 해서

누구 덕이겠는가?

용산관저공사 업체들 공공입찰 '수주대박' 누구 덕 했던데
나라님 덕일 듯싶어서, '이것도 나라가', '나라가 없다'는
구식, 지금은 '김건희공화국' 시대, 누구 덕이겠는가?

큰소리다

'정치 브로커가 대통령 협박하는 나라' 했던데, 내용인즉
정치자금법 위반 혐의로 검찰수사를 받는 정치 브로커가
'감당할 수 있으면 구속해 보라고 윤 대통령 부부에게 한 큰소리다

정권 심판이어서

부산 금정구청장에서 맞장 뜬 이재명·한동훈 두고 '심판 날 세운 이
방어벽 세운 한' 했던데 아무리 창날세우고 철벽 쌓아도 심판은 시민
'하나님조차 사람 심판하길 죽은 뒤로 미룬다'던데, 정권 심판이어서

슬픔이겠나

세종대왕님이 슬퍼할 '한국어 교원 열악한처우' 했던데, 한국어 교원 절반이 월 200만원 미만의 처우를 두고 한 말, 헌데, 원어민 외국어 강사는 그 몇 배가 넘는 현실, 어찌 세종대왕님만의 슬픔이겠나

필요하다가 답인 걸

한동훈, '김건희 여사 활동자제해야 한다'에 친한계 이구동성 "나도 필요하다고 생각한다", 친한계 국민의당 의원뿐이겠나, 국민도 야당도, 양심 있는 사람이면 여고 야고 다 '필요하다'가 답인 걸

한두 번이던가

정치 브로커 명태균, 대통령 집에 데리고 간 장본인으로 지목된 개혁신당 이준석 의원 "새빨간 거짓말"이라며 "국민 갖고 장난한다"고도, '새빨간 우려먹은 게 어디 한두 번이던가

직격탄 날릴 듯해서

미 바이든, 네타냐후를 '후레자식', 푸틴을 '빌어먹을' 했다데
　세계인들은 두 전쟁 당사자들을 개새끼, 거지새끼라고
두 전쟁 당사자가 날린 미사일만큼이나 직격탄 날릴 듯해서

거꾸로 말허시네

외국어·신조어 판쳐도 한국어는 여전히 건강 진단하며
'자학하지 말지어다' 했던데, 그건 한글을 사랑하는 이들의
덕담이고, 외래어에 물든 꼬부랑 혀들은 '거꾸로 말허시네'

그것이 문제로다

'윤석열·한동훈의 기싸움을 왜 봐야 하나' 했던데, 글쎄요
무료니까, 무료라고요, 우리 세금으로 연출하는 쇼를 무료라고요
정치란 한판 쇼, 쇼비즘의 광기냐? 천박한 유희냐? 그것이 문제로다

귀 잘라버려야

의대 5년제, 교육부가 내놓은 의대 교육과정이다. 헌데 이틀 만에 거둬들여 없었던 일로 접었다. 잘한다 잘해 '이러니 정부 말 듣겠나?' 했던데, 듣는다고요? 귀 잘라버려야

대수롭지 않을까?

한강 작가의 노벨문학상 수상, 놀랐다, 너무 예상 밖이었기 때문
진심으로 축하한다, 한국 작가이기 때문에 더욱 축하한다
헌데 왜? 정말로 왜? 축하의 진정성이 이리 대수롭지 않을까?

올려다본 게지

한동훈, 김건희 여사 "공개활동 자제"에 이어 "검찰 납득할
결과 내야"라며 발언 수위 높여, 헌데 높인 게 아니라
이제 겨우 국민의 눈높이를 읽고, 눈높이 올려다본 게지

떠올리게 해서

윤석열 정계 입문부터 대통령 취임까지, 명태균 흔적 여기저기 찍힌 모양이데, 알지도 못한다던데 어떻게 흔적은 찍힐까; 걷지도 않고 발자국 찍힐 수 없듯이, '최순실에 놀아난 박근혜' 떠올리게 해서

조용했으면

입에 올리긴 싫지만 '전광훈 씨, 공천 대가 금품 받은 혐의로 재판에 넘겨졌다데, 그간 조용하기에 반성하기 위한 자기성찰의 시간 갖는 줄 알았더니 불구속 기소 됐다데, 아예 복당살이로 조용했으면

먼저 응답

김건희 여사 주가조작, 공모 정황까지 확인되고 있다던데
이 사건 전무 손 모씨 2심에서 유죄판결로 김여사 꼼짝없이 잡힌
발목, 한동훈 김건희 '도이치 기소' 하라에 대통령실이 먼저 응답

국민 눈높이가 그래

동남아서 귀국 후 한동훈과 독대 들고나와, 코너에 몰리자
선택의 여지 없는 자구책 같아서, 용산 상황 어떨지는
안 가봐도 훤히 보여서, 내 눈 아닌 국민 눈높이가 그래

■ 시집 평설을 대신해서_諷詩調에 대한 사계의 견해

三行詩의 안팎

문덕수(전 예술원 회원)

1.

　박진환의 三行詩Ⅷ『諷詩調』를 읽고 느낀 바가 많지만 다 말할 수는 없을 것 같다. '諷時調'라고 하지 않고 '諷詩調'라고 한 것은 '시조(時調)와는 다른 장르임을 말하는 것이 분명하고, '풍조시(諷調詩)'가 아니라 '풍시조(諷詩調)'라고 한 것은 이와 유사한 다른 장르명의 어순을 따를 필요가 없음을 암시한 것 같다. 어쨌든 '풍시조(諷詩調)'는 다른 누구의 것도 아닌, 바로 박진환의 장르다. 그가 풍시조의 시조요, 창업자다.
　'풍시조(諷詩調)'의 '풍(諷)'은 '풍자(諷刺, satire)'일까. '풍유(諷喩, allegory)'일까(諷諫, 기자(譏刺)라는 말도 있다). 풍(諷)은 '言十風(음)'으로 된 글자인데, 떨리는 소리로 낭독하는 것을 풍송(諷誦)이라고 하고, 바람이 나뭇가지나 이파리를 흔들듯이 사람의 마음을 움직이는 것을 '풍(諷)'이라고 한다. '풍자'는 후자에 해당한다. 그러나 이러니저러니 따질 필요는 없다. '시 작품' 자체가 시론이기 때문이다. '풍시조'의 정체는 박진환의 작품에 있다고 하겠다.

> 달콤한 오수 깨며 띠리링 울리는 벨소리 속 목소리
> 기막힌 부동산 정보 전해 드리려고요
> 너나 기막히세요, 난 귀 열고 매미소리나 벗하리니
> —「귀 열고」

IT매체들(휴대전화 등)을 통해 부동산 중개업자(복덕방)의 이러한 극성스러운 메시지는 시민들이 역겹도록 경험하고 있는 현실이다. 시도 때도 없는 각종 정보 발신에 시민들이 무방비 속에 시달리는 것은 정보공해라고 할 수 있다. 이 시는 요즘의 이러한 부동산 시장의 상황과 정보공해가 전제되어 있고, 이러한 상황을 어느 정도 공유하고 있는 독자에게만 공감이 절실할 것이다. 풍자건 유머건 간에, 독자의 다양한 지적 교양이 전제된다는 점에서 지성적 활동이라고 할 수 있다(박진환을 '주지시'의 계열의 중요시인으로 보는 것도 이 때문이다).

2.

왜 3행시일까. 20행, 30행의 장시나 산문시면 안 되는가. 초·중·종장과 같은 3행이지만, 시조의 율조와는 관계가 없다. 종장 '3·5·4·4'와 같은 율조도 지킬 필요가 없다. 음보와도 관계없다. 시조의 3행과 같다는 말도 사실상 넌센스다. 그럼에도 3행시로 한 뭔가의 이유가 있지 않을까. 앞에 든「귀열고」에서 여러 가지 장치를 전지(剪枝)하고 3단논법의 뼈대만 추려 본다.

> 남을 괴롭히는 전화는 받기 싫다(대전제)
> 요즘의 부동산 정보전화도 사람만 괴롭힌다(소전제)
> 그러므로 내게 그런 전화하지 말라(결론)

이와 같은 논리소('화소'라는 말이 있지만 '논리소'라고 해둔다)로 환원시켜 놓고 보면, 「귀열고」는 3단논법의 시상 전개임을 어느 정도는 이해할 수 있다. 상황 제시(대전제, 제1행), 권유나 권고(소전제, 제2행), 거절(결론, 제3행)로 된 3단형이나 구문면에서는 문답형이다. 3단 논법이란 2개 이상의 전제를 제시하고, 거기서 결론을 도출하는 추론형식이다. 2개든 3개든 2행으로 전제를 제시하거나 열거하고, 논리 진행의 반전, 좌절, 총합 등으로 결론을 도출하게 되면 '3단형'이 되지 않을 수 없다. 또 구문상의 '문답형'으로 본다고 하더라도 물음과 답이 각각 1행씩 합해서 2행이 되고, 물음과 대답을 성립하기 위한 전제적 상황 제시가 1행을 차지하면, 이 또한 3행 형식을 취하게 된다.

> 돈 많은 세상에 돈 없이 배고파하는 꼴이나
> 물난리에 물이 없어 목말라 하는 꼴이나
> 사람 중에 사람 없어 정치공황 부황든 꼴이나
> ―「꼴이나 꼴이나」

「꼴이나 꼴이나」도 3단형이긴 하나 논리의 극적 국면(반전, 좌절 등)이 약한, 즉 편평(扁平)한 3단형이다. 더 정확하게 말하면 전제만 3행으로 열거되고 결론이 없는(결론은 독자의 몫으로 남겼다.) 일종의 '나열형'이다. 틀(뼈대)을 추려보면 "풍족 속의 굶주림은 꼴불견이다(제1행), 홍수 속의 갈증은 꼴불견이다(제2행), 인재 귀한 정치 공황은 꼴불견이다(제3행)"의 3단형인데, 대전제·소전제·결론 형이 아니라 단지 전제의 3행 나열에 지나지 않고, 이러한 나열을 총합한 결론은 독자에게 맡겨져 있다. 구문상으로는 '꼴이나'가 각행의 끝말로 반복(세 번 반복)되는데 귀납형의 방식이라고 할 수 있다. 대전제를 먼저 제시하는 3단 논법형과는 다르다고 하겠다. 3단형이라고 하더라도 여러 가지 성질의 형식이 있으므로, 여기서는 변죽만 건드려본 정도로 그치겠다.

3.
다음엔 실제 작품을 조금 음미해 본다. 「귀열고」는 「夏夜」와 더불어 박진환의 풍시조 중에서 가장 재미있는 작품인 것 같다. 전형적인 작품이라고 해도 괜찮다.

'기막히다'의 활용형(기막힌, 기막히세요)은 문답의 '고리' 역할을 한다. 부동산중개업자와 시적 주체도 연결시켜준다. 그런데, 대답 부분(제3행)의 '기막히세요'라는 '고리'에는 '기막히다(어떤 일이 하도 어이없거나 엄청나서 질릴 정도이다와 같은 부정적 성질의 의미와, 어떻다고 말할 수 없을 만큼 좋거나 정도가 높다와 같은 긍정적 성질의 의미가 공존한다)와 '귀(耳) 막히다' 등의 의미가 공재해 있고, '귀 막히다'는 뜻의 말은 짐짓 잘못 알아들은 것으로 되어 있다. 이 풍시조의 재미는 '기막히세요'라는 고리에 내재된 다채로운 뉘앙스의 삼중 겹침에 있는 것 같다. 여기에 "너나 기막히세요"라는 독백 형식의 대답에는 "너나 잘하세요"(영화 「친절한 금자씨」의 주인공이 한 말도 연상되고, 더 지적으로 민감한 독자라면 "사또님 말씀이야 다 우습지"나 "사돈네 남의 말 한다"와 같은 속담도 연상하게 될 것이다. 또 2인칭 대명사 '너'와 높임말인 '기막히세요'는 존대법상 일치하지 않는다. 이러한 문법적 불일치도 미적·풍자적 효과에 한몫 더한다. 말하자면 독자의 지적 수준에 따라 그 웃음과 재미가 증감된다. 아마 이러한 시적 장치의 전부를 담아 뭉뚱그리기에 적합한 가장 간결한 형태가 3행시가 아닐까도 생각된다.

> F킬라를 뿌리듯 이발사가 내 머리에 스프레이를 분무한다
> 내 머리를 모기나 파리 대가리쯤으로 아는 모양이다
> 하긴 싹싹 손 비비고 남의 피나 핥았으니 그럴 법도 하지
> ― 「이발소」에서

전제가 되는 부분의 열거를 1행, 2행에 배당하고, 그 전제를 근거로 제3행에서 결론을 도출한 3단형이다. "이발사가 내 머리에 스프레이를 뿌린다(제1행), 나를 모기나 파리로 간주하는 것 같다(제2행), 아첨하고 착취했으니 이발사의 행위는 당연하다(제3행)"는 것이 이 풍조시의 뼈대다. 추린 논리소다. 그러나 이 논리 속에는 의도적 곡해(曲解)와 사회를 향한 우회적 공격이 숨어 있다. 논리 속에 숨은 이 장치의 이해가,

이 풍시조 수용의 전제가 된다.

특히, "싹싹 손 비비고 남의 피나 핥았으니"에서, 1인칭(모기나 파리의 1인칭)인 '나'의 비하(卑下)를 통해서 파리나 모기와 다를 바 없는 자신이 바로 사회의 무고한 사람들에 대한 침입자나 가해자였음을 폭로한다. 자기가 바로 풍자의 칼날에 희생되어야 할 대상이며, 자신의 비하가 공격과 비판을 위한 칼날 갈기의 전제라는 아이러니를 본다. 일종의 도회(韜晦)의 비늘이라고 할까. 새디즘과 매저키즘은 동전의 양면이라는 심리분석도 이 경우에 해당될지?.

> 夏! 정말 덥다, 夜! 시원하다
> 夏夜보다 더 신나고 시원한 것 없을까
> 없긴 왜 없어, 下野란 말 있잖아
> ―「夏夜」 전문

「夏夜」는 문답형 중의 자문자답형이다. 독백형 자문자답이다. 두 개의 전제에서 의외의 결론을 끌어낸 3단 형태라고도 할 수 있다. 제1행의 대전제가 그 다음의 소전제와 결론인 대답을 가능하게 해준다. 어쨌든 '夏夜'라는 편(pun)과 더불어 박진환식 풍자와 해학의 가장 돋보이는 전형적인 시다. '夏夜'에 내포된 골계미와 풍자성을 분석해 보자.

'하야'라는 시니피앙에는 1)계절로서의 夏夜, 2)'하! 야'라는 반응의 감탄사, 3)하야(下野)라는 시니피에가 겹쳐 있다. 반복하면 시니피앙의 한 덩어리 속의 세 시니피에가 꼬리를 물고

꼬여 메비우스의 띠처럼 회오리친다. 특히 '하야(夏夜:下野)'라는 말이 지닌 풍자성이 시 전체(1행, 2행, 3행)에 삼투되어 방사(放射)한다. 웃음 속에 감추어진 칼날을 보는 것 같아 섬찍하다.

4.
끝으로 풍시조 1편과 외국의 우화 1편을 비교해 볼까 한다. 대상은 둘 다 '중동(中東)'이다.

> 열사의 불 먹고 사는 탓에 제 버릇 못 버려 즐기는 불장난
> 　　석유까지 불을 뿜어대니 연일 불바다지
> 얼음을 먹어야 식히는데 中東엔 仲冬이 없으니
> 　　　　　　　　　　　　　—「仲冬이 없으니·1」

이것은 일종의 '편'이다.「夏夜」에 비하면 편의 구조도 퍽 단순한 편이다. 페르시아만(아라비아만)의 해변에 '개구리' 한 마리가 햇볕을 쬐고 있는데, '전갈(scorpion)'이 와서 바다 건너 저쪽 언덕까지 등에 태워 건너달라고 부탁한다('전갈은 몸속 독낭에 못 모양의 독침이 들어 있는 동물이다).

"싫어. 넌 전갈 아냐. 날 찔러 죽이려고"
"바보 같은 소리" 내가 찌르면 너도 죽지만 나도 익사하지 않는가. 잠시 생각한 끝에 개구리가 말한다.
"그렇군. 그럼 내 등에 올라타"

전갈을 등에 태운 개구리가 아라비아 바다를 건너기 시작한다. 바다 복판쯤에 왔을 때, 전갈은 갑자기 독침을 꺼내어 개구리를 찔러 버렸다.
　"왜 이래?"
　전갈이 대답했다. "여긴 중동(中東)이야."

　유머지만, 이것은 '우화'의 형식을 취하고 있다(박진환도 '우화' 쪽으로 발전할지도 모른다). '개구리'는 아라비아만으로 관광온 유럽인인지도 모른다. 그러나 이 조크에 등장하는 '전갈'과 '개구리'의 본의(本義)가 각각 유럽과 중동 중에서 어느 쪽인가에 따라 작품 전체의 이야기가 달라지고, 공격의 대상도 반대가 된다. 그러면 박진환의 풍시조의 공격 대상은 누구인가. 중동만이라고 할 수 없다. 여기서 해학이건 풍자건 그 속에 감춘 예리한 '날의 현동화(現動化)가 실은 얼마나 어렵고 미묘한 것인가를 시사한다. 특히 「전갈과 개구리」의 경우, 그 균형(balance) 잡기의 어려움을 실감하게 된다.
　나는 오늘의 한국시의 지형도를 그려본 적이 있다. 1)전통과 서정(전통적 서정시), 2)메시지와 관념(관념시, 생태시), 3)이미지와 물리성(언어 이미지시), 4)탈관념의 실험(탈관념시), 5)주지적 처리(주지시) 등이 그것이다. 한국시의 동서남북이라고도 할 수 있다. 우리 시단의 특색 있는 시의 중요한 작품들은 일단 이 지형도로 배열, 배치할 수 있다. 우리 시의 현황이다.
　나는 박진환의 최근작(3행의 풍시조)을 주목하면서 '주지시'

의 장르로 보았다. 지금도 나는 이러한 자리매김을 후회하지 않는다. 김춘수는 박진환의 풍시조에 대하여 『하여지향(何如之鄕)』을 쓴 송욱의 '전철'을 밟고 있다고 했지만, 나는 송욱과 '같은 계열'이라고 보지, '전철'이라고는 생각하지 않는다. '풍자의 노끈'으로 송욱과 박진환을 칭칭 묶어 버리는 것도 가능하나, '풍자'가 있는 '주지(主知)의 토포스' 속에 자리한 박진환의 거처가 지닌 의미의 진폭을 이해할 필요가 있을 것 같다. 풍자, 해학, 펀, 아이러니, 비꼼, 조롱 등은 '주지시'의 자원이긴 하나 이것만이 전부는 아니다. 이러한 주지시는 송욱, 김현승, 김광섭 등을 거쳐 김기림(金起林)의 장시 『기상도(氣象圖)』(1936)에 이른다는 사실을 이해한다면, 주지의 여러 가지 자원이 뭣인가를 짐작할 수 있다. 『기상도』가 지닌 주지적 풍부함의 목록을 일일이 확인할 필요가 없을까.

 이야기를 많이 에둘렀다. 다시 「仲冬이 없으니·1」과 「전갈과 개구리」이야기가 지닌 한 가지 토픽도 주지(主知)가 지닌 여러 가지 목록 중의 하나다. 지성은 억제와 조절에 바탕을 둔 '균형'을 강조한다. 형이상적 존재의 인식, 그 인식이 지닌 초월성의 자기화(自己化)에 의한 시선의 확보, 그 중의 풍자적 시선이 공격 대상을 선정하는 일에 도리없이 참여하는 '균형'은 특히 중요하다. 저울대의 무게와 추가 형평을 이룰 때 '풍자'는 더욱 빛날 것이다.

■ 시집 평설을 대신해서_諷詩調에 대한 사계의 견해

知的調律에 의한 시 意味의 密度와 結晶度
― 『諷詩調』의 창간에 부쳐

성찬경(전 예술원 회원)

문예지 『풍시조(諷詩調)』가 창간되었다. 때는 2008년 초여름이고, 앞으로 계간지로 계속 발간될 것이라는 예고다.

문예지라고 했지만, 문예지치고는 매우 특수한 성격을 지니는 문예지다. 우선에 소설은 배제된 시 전문지이지만, 넓은 범위의 시 일반을 싣는 것이 아니라 '풍시조(諷詩調)'란 새로운 시적 유형과 범주에 속하는 시만을 모아서 엮는 시지이니, 이를테면 시단 안에서도 특수 전문지의 성격을 갖는다. 흔히 취미 오락 등을 다룬 잡지에 낚시니 등산이니 바둑 등을 전문으로 다루는 잡지를 보게 되는데, 『諷詩調』는 시 안에서도 독특한 장르만을 대상으로 하는 일종의 전문 시지(詩誌)인 셈이며, 우리나라 시사(詩史)와 시단의 현황이 어언 여기에까지 이르렀는가 하는 감회를 갖게 된다.

여기에서 좀 더 차분히 『諷詩調』의 출현을 지금까지 키워 온 그 뿌리와 수맥을 살펴볼 필요가 있다. 말할 것도 없이 이

『諷詩調』의 근본이 되는 자양적 모태는 박진환 시인이 약 30년에 걸쳐서 전개해온 넓은 의미에서의 지성시(知性詩) 운동이다. 박진환 시인은 이러한 지성시의 구체적인 전개방법으로서 '형이상학시'의 기치(旗幟) 아래, 이른바 변용의 시를 추구해온 것은 세상이 다 아는 바다.

변용의 시도 실은 그 개념의 범주가 좁다 할 수는 없다. 더 구체적으로 말하면 시에서의 위트, 컨시트, 또는 펀과 같은 기법을 활용하여 시의 정서적 구조를 지적 구조로 바꾸고, 그럼으로써 시를 의미의 밀도에서 좀더 경질(硬質)의 것이 되게 하려는 시적 추구를 말한다. 그리고 이것은 그 시적 추구에서 17세기 영국의 '형이상학파' 시인들의 추구와 그 맥이 통한다는 사실도 우리가 알고 있는 바와 같다.

여기에서 박진환 시인의 이러한 시적 추구가 우리 시의 현실적 상황과 어떠한 관계에 있는가 하는 점을 살필 필요가 있다. 현재의 우리 시는 한 마디로 지성이라는 영양소의 결핍 증세가 심한데, 또한 그것을 자각하고 있지도 못하다는 것이 나의 솔직한 판단이다.

시에서 지성이 하는 구실은 일종의 조화 감각이라 할 수 있다. 시가 너무 한 쪽에 치우치는 것을 막아주는 감시의 역할을 하는 것이 바로 지성이다. 그래서 시에서 지적 요소가 부족하면 시가 한쪽으로 치우치는 것을 막지 못한다. 시에서 눈물이 너무 많아진다거나, 지나치게 격정에 사로잡힌다거나 정서의 내용이 너무 가냘퍼진다거나, 또는 지나치게 괴기해진다거나 하는 현상이 모두 지성적 작용의 결핍에서 오는 증후라

할 수 있다.

 문예지 『조선문학』을 중심으로 하는 한 무리의 문인들이 문학에서 지성적 구실을 강조하고, 줄기차게 우리 문단에서의 이러한 허점을 보완하고자 한 문학적 공헌에 대한 평가에서 우리는 몰인식과 소극성을 벗어나지 못하고 있는 것이 아닌가 하는 것이 역시 나의 생각이다.

 이번에 발간된 『諷詩調』는 박진환 시인이 벌여온 시운동의 더욱 정제된 결정과도 같은 것이며, 이것을 일종의 '문학적 발명'이라 해야 마땅할 것이라는 생각이 든다.

 어느 시대에 있어서나 문학의 새로운 양식은 그것이 하나의 새로운 발명임을 의미한다. 그리고 진정한 의미에서의 '발명'이라면, 얼핏 보아 아무리 하찮게 보이는 것일지라도, 거기에는 발명자의 많은 시간과 피땀과 노고가 스며있음을 잊어서는 안 된다. 시에 있어서도 마찬가지다. 시의 새로운 체질과 양식과 장르의 발명이 실은 시인들의 끊임없이 노력하고 추구하는 목표이기도 한 것이다.

 '諷詩調'의 출현 역시 결코 하루아침에 이루어진 우발적인 출현이 아님은 말할 것도 없다. 지금까지 박진환 시인이 시도해온 많은 '3행시'와 '諷詩調'가 그 싹이 되어 피어왔음은 물론이다.

 『풍시조(諷詩調)』가 갖는 새로운 체질적 특색을 간단히 살펴보겠다. '諷詩調'가 우리 고유의 전통적 시가의 형식인 '시조(時調)'와 체질적 연관성이 있음은 물론이다. 諷詩調의 구성이 3행으로 돼 있는 점이 초중종 3장으로 돼 있는 시조와 일치한다는 것에서도 이 일을 알 수 있다. 원래 시조의 초중종 3장도 시조보다 더 뿌리 깊다 할 수 있는 동양 고유의 한시(漢詩)의 기승전결에서 나온 것임을 우리는 짐작할 수 있다. 4행1련을 기본 단위로 하는 기승전결은 사실 동서고금의 모든 시적 감흥의 기본 틀이기도 하다. 다만 시조의 경우 종장에 해당하는 3장에서는 '전(轉)'과 '결(決)'이 한 행에 압축됨으로써 4행의 경우보다도 더욱 극적 효과와 시의 긴장감을 높여주고 있다.

이와 같이 諷詩調는 시조와 일맥상통하면서도 예술적 감흥을 겨냥하는 데에서는 시조(時調)와 사뭇 다르다. 곧 시조의 시의 뜻을 한자의 때시 '時'에서 글시 '詩'로 바꿔놓은 데서 그 겨냥하는 바를 짐작할 수 있다. 시조(時調)가 그 주제를 시대적 풍습에 맞추려는데 두고 있다면, 諷詩調에서는 시류(時流)를 넘어서는 작품으로서의 시적(詩的) 가치를 높이려는 의도가 숨어 있으며, 이런 점에서 '諷詩調'는 이른바 순수시(純粹詩)와도 그 방향을 같이 하게 된다.

'시조(詩調)', 곧 시의 흐름에 또 '풍(諷)' 자가 결합되어 있으니, 이것은 또 어떤 의도를 품고 있는 것일까. 여기에서 '풍(諷)'자는 박진환 시인이 시지의 '창간사'에서도 밝히고 있는 바와 같이 시에 넓은 의미의 풍자성(諷刺性)을 담으려는 의도와 다를 바가 없으니, 이 풍(諷)의 개념에는 시에서 전개할 수 있는 지적 작업 일반의 여러 항목이 두루 포함돼 있으며, 위트, 아이러니, 새타이어, 시니시즘(비꼬움) 등 표현상의 역설적 기법이 종횡으로 등장하게 된다.

그리고 이러한 풍자는 그것이 일종의 지적 응징의 구실을 하게 되는 것이며 이와 같은 응징의 숨은 의도는 바른 사회, 꼴불견인 시류적인 속물(俗物)들이 사라지는 사회, 양식이 통하는 밝은 사회의 출현을 바라보는 것이니, 깊은 뜻에서는 이 풍자의 정신이 곧 인도주의적 염원과도 일치한다는 점을 간과해서는 안 될 것이다.

'諷詩調'의 보기로서, 박진환 시인이 전, 현직 대통령을 소재로 풍자한 시를 보려 한다.

>노랗게 노랗게 노자로 시작해서
>나리나리 개나리 리자로 끝나면 무슨 나리게
>개나리, 노노노 무식하긴 노나리지
>─「개나리」

>이명박 대통령 임기 끝나 퇴임하는 날이 2012년 12월 26일
>이날에 맞춰 돌아가는 시계가 이명박 시계란다
>시작이 엊그젠데 퇴임 날 꼽아가며 돌아가는 시계가 있다니
>─「이명박 퇴임시계」

편과 시니시즘과 새타이어가 2중 3중으로 얽히고 꼬인, 고도로 지적인 시적 작업임을 알 수 있다. 이보다 더 따끔한 응징적 일침이 또 있겠나.

계간지 『諷詩調』는 이제 막 창간되었기 때문도 있겠지만, 아직 동인지의 성격을 완전히 벗지 못한 느낌도 없지 않아

있다. 앞으로 이런 점도 차츰 보완이 되리라 믿어지며, 이 시지가 잘 성장하여 응분의 구실을 하게 될 것을 나는 축원의 시선으로 바라본다. 그렇다 하더라도 일관성 있는 '지성시'에의 헌신과 노고가 정당한 평가를 받게 되는 날이 우리 시사(詩史)에서 언제 찾아올 것인가.

■ 시집 평설을 대신해서_諷詩調에 대한 사계의 견해

諷詩調의 깃발과 風向
− 새로운 시 운동에 대하여

김용직(전 학술원 회원)

 극히 최근에 그 모습을 드러낸 諷詩調 운동에는 두 가지 정도의 전략이 내장되어 있는 듯 보인다. 그 하나가 독특한 형태양식 해석이며 다른 하나가 현실 상황을 향한 예각적 공격의식이다. 명백히 현대 서정시의 서부(西部)를 개척하려는 의욕으로 시도된 이 시운동은 그러나 그 형식을 3장 6구를 원형으로 한 단형시 제작을 바탕으로 하고 있다. 3장 6구의 단형시라면 우리 머리에는 곧 한국 전통시가 양식인 시조가 떠오른다. 시조는 국민문학파에 의한 개혁운동 이후 새로운 토대를 마련하게 되었다. 이때부터 시조는 고전시가의 인습적인 면을 벗어나 새 시대의 양식이 된 것이다. 諷詩調는 시조의 이런 틀을 이용하려는 듯 보인다.
 諷詩調는 그 의식성향으로 보아 상당히 공격적이며 호전적이기까지 하다. 그 도마 위에는 정치, 경제, 사회, 문화의 문제만이 아니라 개인의 윤리, 도덕적인 사건까지가 가차 없이 올라 난도질당한다. 그런데 많은 경우 諷詩調의 비판, 공격은 예술적 의장을 거치지 않은 가운데 이루어진다. 諷詩調에서 풍(諷)은 수사론에서 풍자를 뜻할 것이며 고전문학의 감각을 곁들이게 되면 풍간(諷諫)과 같은 맥락에서 해석될 말이다. 풍자와 풍간에 역겨운 현실, 아니꼬운 대상을 꼬집고 공격하는 단면이 내포되어 있는 것은 사실이다. 그러나 그런 경우의 비판, 공격은 진술의 형태로 이루어지는 것이 아니라 비유의 형태를 취하는 것이 바람직하다.

풍자문학에서 직접적 언술(言述)이 아니라 간접적인 기법이 이용되는 까닭은 단순하다. 많은 경우 시인이 아니꼽게 생각하는 대상은 한 시대와 사회에서 강한 힘을 가진 개인이거나 집단과 그 부수 형태인 제도나 규범들이다. 그들을 진술의 차원에서 공격하는 경우 작품들은 즉각 압수, 폐기되고 그 제작들은 연행, 구속될 위험에 노출된다. 시와 예술이 노려야 할 것은 이런 자살 특공대식 자기표출이 아니다. 이런 감각이 생산해 낸 전략의 결과가 풍자로 해석되어야 하는 것이다.

諷詩調가 3장 형식을 취한 것에 대해서도 이와 거의 같은 이야기가 가능하다. 諷詩調가 3행시의 형태를 이용한 것은 3행시가 한국 전통 시가를 대표하는 것으로 판단된 결과일 것이다. 새로운 시가운동이 국민문학의 자리에 오른 양식의 특성을 이용하는 것은 슬기로운 일이다. 그러나 이 경우에도 우리는 창작활동에서 기본교의 하나를 기억하고 있어야 한다. 모든 창작활동에서 형태는 묵수될 것이 아니라 새롭게 해석, 개척되어 나가야 한다. 국민문학파의 전례가 가리키는 바와 같이 3장 6구의 시조가 갖는 큰 틀은 긍정적으로 계승될 수 있다. 그러나 그 틀 속에 새로운 시로서의 호흡과 맥박은 끊임없이 재창조되어야 한다.

  우리는 모처럼 시도되는 諷詩調 운동이 한국 현대시의 높은 산맥이 되고 푸른 강줄기를 이루어나가기를 희망한다. 이런 소망이 다소간 비판적인 생각을 토로하게 된 셈이다.

■ 시집 평설을 대신해서_諷詩調에 대한 사계의 견해

박진환의 3행 '諷詩調'에 대하여

최원규(충남대 명예교수)

 최근 지속적으로 왕성하게 발표해온 박진환의 삼행시초 '諷詩調'야말로 괄목할만한 한국적 단형시다. 더구나 시대적 상황이 사회적으로 굵직한 이슈를 던져주었던 전변의 정치적 관심이 우리 모두를 끌어들이는 시기와 맞물렸기 때문이기도 하다. 이미 정권 교체에 따른 권력의 갈등에서 겪은 일이지만 대선과정에서 마지막까지 문제가 되었던 BBK 사건, FTA, 숭례문 복원, 대운하 찬반, 광우병 등으로 인한 촛불 시위 범람이 쓰나미처럼 휩쓸고 지나갔으며 아직도 그 여진이 계속되고 있다.
 이렇게 불안한 계절에 시인은 이들의 갈등과 부조리를 외면하고 추상적인 언어를 기반으로 하는 사회적 연대감에서 벗어나 강 건너 불구경만이 순수의 미덕인가. 마땅히 지식인으로 가치판단이나 문화적 선악에 동참, 선도의 언어가 필요해진 것이 너무 당연하다. 하물며 시는 시인끼리 담을 쌓고 그 속에 안주해 있는 모습에서 벗어나 시민과 동참 동행하는 시민의식이 필요하다.

이미 우리 시의 역사 속에서도 한용운, 이육사, 윤동주 그들의 평가에서 볼 수 있듯이 그들의 시에서 우리의 의지와 나라를 걱정하는 애국시가 용솟음치기도 하였다. 그런 점에서 이 시대 박진환의 諷詩調야말로 우리 시단의 중요한 뇌관을 건드린 사건이라고 판단된다.

諷詩調는 삼행이라는 점에서 시조와 같으나 구조나 형태적 특질이 시조의 틀을 벗어났을 뿐만 아니라 어귀나 비유법의 방법을 시조와 달리한다. 한편 화제가 되고 있는 시대적 상황을 직접적인 논의와 평가를 요구하며, 아이러니, 패러독스, 유머로 수용한다. 요컨대 박진환의 '諷詩調'는 업투데이트한 시대적 사회시를 전제한다. 그러므로 그의 '諷詩調'는 작중 인물들의 선행이나 악행의 전제를 제시하며 마지막 행에 이르러서는 개선이나 선과 악의 가치판단의 동참을 요구한다.

박진환의 '諷詩調'는 악과 사의 교정을 위한 화해적 개선이라는 점에서 꼬집고, 비꼬고, 깎아내리고, 비아냥하고 비판, 고발, 폭로를 시의 바탕으로 삼되 마지막 의도는 '순수한 통징'을 감행함으로써 풍자시보다는 한 차원 높은 시적 장치를 갖추고 있다는 점에 주목한다.

박진환은 엄격하거나 거창한 테마를 희극적으로 처리하거나 재미와 멸시, 분노와 냉소의 태도를 환기시킴으로써 그것을 약화시키는 기법을 사용한다. '웃음을 무기로 사용하고 작품의 외부에 존재하는 과녁을 겨냥한다. 그 과녁은 개인적인 일일 수 있고, 어떤 계층이나 제도나 국가나 인류 전체에게까지 할 수 있다'라고 전제한다.

요컨대 화자가 단정하는 외견상 주장과 속으로 의도하고 있는 의미가 서로 다른 진술을 할 때 그 진술은 태도나 평가를 명백히 표현하지만 그것과 매우 다른 태도나 평가를 함축하고 있는 것을 포함하는 것이 아이러니의 기술이라고 보았을 때 박진환의 '순수한 통장'을 암시한다. 발음이 같고 흡사하지만 의미는 전혀 다른 같은 소리에 다른 의미를 갖는 말들은 때로 읽는 이에게 가치판단의 격정적인 한편으로 기울게 하기보다 그것을 유보하며 역지사지(易地思之)의 공평성을 유발시키고 화해성을 유도한다.

박진환은 시적인 재담(equivoque)도 있고 때로 언어유희(pun)도 있지만, 그것들은 읽는 이로 하여금 간담이 서늘해지는 경지까지 유발한다. 때로는 '삶 속의 죽음'이나 '쾌락의 고통', '사랑의 증오'들처럼 메타피지컬포에트(Metaphysical poets)들이 사용한 흔적에 영향되었다고 할 수 있으나 박진환의 경우 경고성의 환기에 더 치중함을 볼 수 있다.

마침내 풍(諷), 시(詩), 조(調) 각개의 문자 의미의 내부를 탐색할 때 모두 언(言) 말씀이 들어있다. 말씀[言]은 글[文]과 구별된다. 글은 논리와 절제를 요구하지만 말[言]은 흘러가는 물과 같이 지형이나 지세에 따라 형태가 변하며 응집한다. 그러므로 흐름의 방향은 같지만 물줄기는 즉흥적이며 당대의 상황에 따라 전변한다.

말씀[言]은 바람[風]과 절[寺]과 두루할 주(周)를 더하여 동서남북, 종횡무진, 당대를 섭렵한다. 그리하여 박진환의 '諷詩調는 마침내 세상사의 이야깃거리의 중심부에서 주제할 수 있는 정세의 총화와 전환을 암시한다.

박진환의 諷詩調가 꼭 3행이어야 하는가의 문제에 대하여 신중히 생각해야 한다. 다만 어느 민족이고 그 민족의 정서적 흡인력에 의하여 자연 발생적으로 생겨난 정형적 틀이 있어 왔다. 가령 당시(唐詩)의 4언 또는 7언 절시나 영시의 4행시(quatrain), 이행연귀(couplet), 14행시(sonnet) 모두 각운 구조로 결합된 강약음보격의 시행으로 되어 단일시귀(stanja)의 서정시인데 우리의 고유 문학형태의 시형(시조)들이 3장 6귀의 원칙을 고수한 것은 민족적인 고유성과 기풍(Ethos)에 의한 것이라고 믿는다. 다만 박진환의 경우 꼭 우리의 시조를 의식한 3행시는 아니지만(사실 시조와는 그 정형시로 의미구조의 잣대에 맞지 않음) 정형시로서 규율에 맞는 것이 아닌 자유시로서의 의미를 더욱 확대한다.

외형상 3행시로 처리한 것은 압축과 긴장미의 효과를 살리며 음수율에서 체험할 수 없는 탄력을 보여준다.

그리하여 3행시는 우리에게 낯익고 우리 말의 생태적 관습의 순리에 수용된다. 또한 시의 자연스런 형태의 공감이 일반화되었기에 박진환 삼행시가 우리 시단의 충격파를 더해 간다고 생각된다. 그의 3행 諷詩調의 창출은 우리 시문학사의 새로운 원형을 배가시킨 원동력이 될 것이며, 한편 시적 표현 미학에서 잡다한 외래적 수용의 난맥상을 제압하는 데 주요한 길잡이가 될 것이다.

박진환의 3행 '諷詩諞'는 시조(時調)와 동자이의어(同字異義語)로 우리에게 새로운 정형성의 모델을 제시한다. 그러므로 우리 현대시가 지닌 무모한 율격이나 시적 주제의 미숙성 또는 혼미성을 극복하는 데 따른 주제시로서 확실한 언덕이 형성된 셈이다.

■ 시집 평설을 대신해서_諷詩調에 대한 사계의 견해

풍시조 읽기

문효치(전 문협 이사장)

　박진환 시인의 諷詩調를 읽었다　풍시조(諷詩調)라는 낯선 이름에 대하여 저자는 풍자시를 줄여 풍시라 하고 거기에 무슨무슨 투나 태도의 뜻으로 죠(쪼,調)를 붙였노라고 설명하고 있다. 그러니 諷詩調의 본질은 풍자시일 듯하다.
　우선 새비있다. 식상한 이미지들의 나열이나 아니면 거의 산문화 되어버린 요즘의 시들에 입맛을 잃었는데 이 諷詩調는 매우 신선한 재미를 느끼게 해 준다.
　세상은 부조리와 불합리와 부정 불의 등으로 가득 차 있다. 이러한 세태가 우리를 짜증나게 하고 화나게도 한다. 살맛을 잃게 한다. 정말 살맛을 잃게 하는 재미없는 제재를 박진환 시인은 재미있는 시로 만들고 있다.

　핵, 우리도 그깐거있어 펑펑터지는 국제특허품 不字標 핵 있어
　　　불평등·불공평·부조리·부정부패·부동산 투기까지

건들면 폭발하는 순 국산 不字標 핵 있다고, 까불고 있어
　　　　　　　　　　　　　　　　―「까불고 있어」 전문

　불평등 불공평 부조리 부정부패 부동산 투기 등 우리사회에 만연한 부정적 요소들, 이것들은 가히 우리 사회를 파괴시킬 만한 위력을 가지고 있다. 정말 심각한 문제다. 이런 사항들을 '不字標핵'으로 둘러댄 그 재치가 재미있다. 그래서 이 시를 보면 일단 웃음이 난다, 진짜 핵을 '그깐거' 라고 대수롭지 않은 존재로 봄으로써 '不字標' 핵의 위험성을 한껏 고조시켜 놓았다. 내용은 매우 심각한 문제성을 가지고 있지만 표현된 말들은 우리를 재미있게 해 준다.
　'까불고 있어'라는 끝절은 상대방(진짜 핵을 가진 자)에게 눈을 흘기며 짐짓 어깨를 으쓱거리는 모습을 떠올리게 해 준다. 다소 장난기가 보이는 모습을 연상하면서 시인의 재치를 다시 한번 실감케 해 준다.
　이러한 부조리 불합리한 사태를 능란한 솜씨로 비꼬고 농락함으로써 독자들은 후련한 카타르시스를 느낀다. 내가 미처 하지 못한 앙갚음을 대신 갚아 주는 것 같기도 하고 어쩌면 내 심정을 잘 알아주는 것 같기도 하다.
　이 책은 멸시 분노 증오의 정서를, 비꼼 냉소 조소 조롱 역설 등의 언사로 가득 채워 놓았다. 그러나 궁극으로는 교정·교훈의 의지가 숨겨져 있다.

　　뭐라구라우, 사람 낳고 돈 낳제 돈 낳고 사람 낳다구라우

> 허허 이 양반 순 구식이네
> 신식으론 돈 낳고 사람 낳제, 사람 낳고 돈 낳고가 아니여
> ―「뭐라구라우」 전문

돈 낳고 사람 낳은 것은 불변의 진리이다. 그러나 신식으로는 돈 낳고 사람 낳았다고 큰소리친다. 그러나 이것은 역설이다. 화자가 진짜로 하고 싶은 말은 이른바 구식인 '사람 낳고 돈 낳다'는 말이다. 이것이 뒤집힌 세상, 전도된 가치에 대해서 일갈하고 꼬집은 것이다. 그리고 그에 대한 반성과 교정을 꿈꾸고 있는 것이다.

삼행으로 압축한 단아한 모습의 시형에도 주목하고 싶다. 말 그대로 촌철살인의 짤막한 말이 감동을 준다. 요즈음 장황한 수다를 늘어놓는 시들이 범람하면서 이렇게 간결한 시들이 그리워진다.

> 나라님 물러나면 낙향하여 통나무집 짓고 시나 쓰며 살겠단 말
> 아무래도 허사같다. 시는 말을 아끼고 줄이는 언어경영인 것을
> 저리 말이 헤퍼서야 어찌 말의 진수에 닿을 수 있을지
> ―「아무래도 허사 같다」 전문

듣기 좋은 수다로 대중들을 현혹하며 실천보다는 말을 앞세우는 정치인을 비꼬며 질타하고 있지만 한 편 짤막한 시론을 엿볼 수 있는 시다. 그렇다. 시는 '말을 아끼고 줄이는 언어경영'인 것이어서 '말이 헤퍼서'는 안 될 일이다.

삼행은 우리의 눈에 익숙하다. 어려서부터 시조를 읽고 배워왔기 때문이다. 물론 시조의 형식에 맞춰 음수율을 조절한 것은 아니지만 그 속에 기승전결의 구조를 가진 것들이 많은 것도 이해하기 쉬운 대목이다.

지금이 바로 이러한 시들이 필요한 시대인 것 같다. 잡지마다 넘쳐나고 있는 산문조 요설이 시성(詩性)을 잠식하고 있고, 그리고 비꼬고 조롱하고 비난하고 질타해야 될 일들이 많은 세상일수록 그러한 세태를 지적하고 경계하며 교정해야 하기 때문이다. 시가 궁극적으로는 인간을 위하고 옹호하는 것이라면 시가 이러한 일에도 적극 관심을 가져야 할 것으로 생각한다.

■ 시집 평설을 대신해서_諷詩調에 대한 사계의 견해

諷詩調에 나타난 형이상시의 수사법

최규철(시인·문학평론가)

들어가는 말

어느 사회학자는 '농경사회의 삶이 시간 잉여(時間剩餘)의 시대였다면 오늘날과 같은 정보화 사회는 시간 기근(饑饉)의 시대라'했다. 그것은 그 정도로 오늘의 시대가 시간에 쫓기며 살아가는 고속화 시대를 맞이하고 있다는 것이다. 따라서 이러한 고속화 사회에 사는 현대인들의 문학작품에 대한 선호도도 역시 장편소설보다는 단편소설을, 장시보다는 단시를 더 선호하는 경향이 있다. 특히 시에 있어서 현대인들의 구미에 맞는 시는 짧으면서도 그 속에 다분한 내용을 함축함으로써 큰 감동을 주는 시라 하겠다. 이런 시대적 요구에 부응하는 시가 바로 박진환 시인이 착안하고 시운동을 전개하고 있는 諷詩調이다.

諷詩調의 기법은 형이상시의 레토릭(rhetoric)과 흡사한 면이 많다. 컨시트의 기발한 지적 놀라움, 서로 상반된 양극화의 결합과 그 조화, 역설과 반어(反語), 시의 순수한 통징을 통한 내적 울분의 해소와 사회 구조악(構造惡)의 개선 등이 바로 그것이다.

특히 3행시의 짧은 글 속에 함축된 내용과 그 여운을 담기 위해서는 압축적이고 생략적인 구문이 필요하다. 따라서 각 행의 전환 및 반전이 빠르게 전개되는 특색이 있다. 이것은 양극화의 긴장이 팽팽할수록 행과 행의 전환속도가 빠르고 생략과 압축의 미학이 더욱 살아난다.

필자는 그동안 지면을 통해서 3. 4회에 걸쳐 언급해온 諷詩調 시학에 대한 이론을 총괄하고 종합하여 주로 諷詩調의 형이상시적 유사성과 레토릭(rhetoric) 기법의 측면에서 접근해 보고자 한다.

1. 諷詩調의 순수한 통징

諷詩調는 일종의 풍자시의 성격을 띤 시라 하겠다. 풍자시의 사전적인 정의는 부정부패와 비리 현상과 모순 등을 다른 사물에 비유하여 폭로와 공격 일변도의 시를 말한다. 즉 풍자시라고 하는 한자가 풍자할 풍(諷) 찌를 자(刺)로 명시한 바와 같이 모든 죄악성을 어떤 사물로 빗대어 찔러 고통을 가하게 하는 일종의 보복성을 뜻하는 성격을 내포하고 있는 시가 대부분이다. 그러나 諷詩調에서 말하는 순수한 통징의 주된 목적은 諷詩調를 통해서 죄의 아픔을 느끼게 할 뿐만 아니라,

뉘우치고 돌이켜 새롭게 변화하게 하는 데 주력하는 시의 기능을 말한다. 다시 말하자면 죄의 부패성에 대해서 단순히 찌르고 고통을 가하게 하는 데 그치는 것이 아니라 메스를 가하고 수술을 함으로써 병을 낫게 하는 데 그 목적이 있음을 말한다.

그러나 여기서 주의 깊게 보아야 할 것은 수술을 가하되 고통을 없애게 하기 위해 마취제를 동시에 투여하는 방법을 취하고 있다는 사실이다. 즉 유머를 통해서 웃음을 주고 즐거움을 줌으로써 그 고언을 달게 받아들이고 소화시킬 수 있는 기능을 지녔다는 것이다. 諷詩調의 통징이야말로 우리의 뇌에서 일종의 모르핀이나 엔도르핀과 같은 호르몬을 분비하게 함으로써 무통수술을 하게 하고 오히려 미묘한 시적 희열을 주게 하는 절묘한 수술비법을 의미하고 있다. 諷詩調의 작가들은 이런 諷詩調의 순수한 통징의 특성을 숙지하고 이러한 순수한 통징의 기능을 살리는 데 노력해야 할 것이다. 諷詩調에서 이러한 순수한 통징이 살아있지 못한다면 그것은 諷詩調로서의 시적 역할을 다한 시라 볼 수가 없다. 諷詩調의 생명이 바로 여기에 있다 할 수 있기 때문이다.

참으로 諷詩調의 순수한 통징이야말로 오늘과 같은 종말론적인 징조를 토로하고 인류의 구원을 갈구하게 하는 시대적 사명의 성격을 띤 시라 하겠다. 현대사회는 갈수록 첨예한 양극화 조성으로 인한 양자구도의 대립상이 심화되고 있다. 오늘날 정치 경제 사회 문화 전반에 걸친 인류사회의 갈등과 분쟁이 바로 이런 극단적인 양극화 현상에서 오는 결과라 하겠다. 그렇다면 현대시가 어느 때까지 이를 외면하고 오히려 음풍농월(吟風弄月)만을 일삼아야 하겠는가. 시가 인생문제로 깊이 들어가서 이런 양극화 문제를 해소하고 하나로 융합하는 화해와 일치의 시학으로 발전해가야 할 것이 아닌가. 그러한 의미에서 諷詩調 운동의 필연성이 강조된다.

더욱이 환경오염으로 인한 생태계의 훼손과 대기오염으로 인한 오존층의 파괴, 그리고 지구 온난화에서 발생하는 엘니뇨현상 등으로 인류의 생존 문제에 심각한 적신호가 켜있다. 이런 각박한 상황에서 탈출하기 위한 녹색시학 운동의 전면에 諷詩調가 자리하고 있음을 알 수 있다.

시인은 예언자적인 예리한 눈을 자지고 미래사회의 변화를 직시하면서 오늘의 잘못된 과오를 지적 감동을 통해서 깨닫게 하는 순수한 통징에 무한한 관심을 쏟아야 한다.

> 세상이 왜 이러나 유행병처럼 자살·자살·자살
> 마음 한 번 고쳐먹으면 살자·살자·살자가 되는데
> 뭐 그리 좋은 거라고 일편단심 자살이람
> ― 박진환의 「뭐 그리 좋은 거라고」

한국인의 자살률이 OECD 30개 회원국 가운데 1위를 기록하는 불명예를 안고 있다. 연예계의 인기 스타들과 대기업의 총수들이 잇따라 자살을 하고 심지어 전직 대통령까지도 스스로 목숨을 끊음으로써 사회적 충격이 크다.

박진환 시인의 諷詩調「뭐 그리 좋은 거라고」는 1행의 자살·자살·자살이라고 하는 부정적인 죽음의 개념과, 2행의 '살자·살자·살자'라고 하는 긍정적인 생명의 개념을 양극구도로 서로 거꾸로 뒤집어 대치해 놓음으로써 기발한 위트와 유머를 돋보이게 한다. 이러한 諷詩調의 기능이야말로 격한 자살충동을 완화시켜 줄 뿐 아니라 생에 대한 강력한 의욕까지도 유발하게 하는 시적 감동을 가능케 한다. 여기서 諷詩調의 풍자 속에 담고 있는 간절한 회심에의 바람이 '마음 한번 고쳐먹으면'이란 말로 표현되고 있다. 이것이 바로 諷詩調가 지닌 순수한 통징의 힘이다.

> 피를 빨아 먹는 모기 잡는데 의견이 분분하다
> 정치가 어떻고 법이 어떻고 대통령이 어떻고
> 입으로 모기 잡나? F킬라를 뿌려야지
> ― 박진환의 「입으로 모기 잡나」

이 시는 그 제목부터가 웃음을 터트리게 하는 유머가 있어 마음을 끈다. 이 시 속에 감추어 있는 암시성과 시사성(示唆性)이 모기와 F킬라라고 하는 기발한 메타포를 통해서 큰 감동을 준다. 정계와 법조계의 부패상을 바로잡는, 즉 '피를 빨아 먹는 모기를 잡는데'에는 입으로 하는 설왕설래(說往說來)로써는 근절될 수 없다는 것이다. 특히 수사법 중에서 변화법의 하나인 '입으로 모기잡나?'라고 하는 설의법으로써 F킬라라고 하는 정답을 독자에게 물어 찾아내게 하는 레토릭으로써 스스로 개혁의지를 촉발하게 하는 순수한 통징이 돋보인다. 찌르고 자르고 쪼게는 메스질이 가해짐에도 불구하고 뇌에서 분비되는 모르핀을 통해서 즐거운 마음으로 웃고 수긍이 가능케 하는 회심과 변혁의 비법이 있다.

2. 諷詩調가 갖는 컨시트의 특색

형이상시의 컨시트(奇想, conceit)는 형이상시의 특징 중에서 가장 중요한 특징의 하나라 할 수 있다. 외견상 전혀 유사성이 없거나 상반되고 양극화된 사물이나 상황들을 재치 있고 기발한 방법으로 결합하여 소위 사무엘 존슨(Samuel Johnson)이 언급한 '부조화의 조화'를 이루게 하는 비유적인 수사법을 말한다.

그러나 諷詩調에서 보여주는 컨시트의 특색은 형이상시에서 말하는 그것과는 사뭇 다른 양태의 컨시트를 볼 수 있다. 3행시 구문의 생략적인 특성 때문에 행과 행, 낱말과 낱말, 심지어는 문자와 문자로부터 서로 상반된 사물이나 개념의 명칭과 발음 등을 찾아내고 거기서 특별한 의미성을 유추하여 또 다른 의미를 창출해내는 언어유희적인 기발한 컨시트를 선보이고 있다. 이런 관점에서 볼 때 諷詩調의 컨시트는 단순히 두 가지 사물이나 개념을 교묘하게 결합하여 뜻밖의 유사성을 찾는 기존의 형이상시의 컨시트와는 다른 특성을 지니고 있다고 하겠다.

> 대통령 국정평가 잘했다가 44.2%, 못했다가 41.1%
> 막상막하, 정치란 게 그래
> 上 뒤집으면 下 되고, 下 뒤집으면 上 되거든
> — 박진환의 「物神時代·216」

 국민이면 누구나 알게 모르게 다 정치에 젖어 살면서 나름대로의 정치철학, 내지 생활철학을 가지고 있다. 그래서 3행에서 '정치린게 그래'라 토로한다. 이런 지적 깨달음을 풍자적으로 소화시켜 표현하기란 그리 쉬운 일은 아니다. 이런 이유 때문에 민감한 사안을 받아들여 유머로 웃어넘길 수 있고, 감동 받아 깨달음을 갖게 하는 諷詩調의 기법에 주목할 수밖에 없다. 그래서 諷詩調가 지적이며 문화적인 통징을 가져오게 하는 첩경이라 여겨진다.

 이 시에서 놀라운 기지의 발산은 2~3행에 있다.'막상막하, 정치란게 그래 / 上 뒤집으면 下 되고, 下 뒤집으면 上 되거든'에서 '막상막하(莫上莫下)'의 上과 下의 문자를 세웠다 뒤집었다 하면서 요동치는 정치판의 불안정성을 꼬집는, 재기(才氣)가 번뜩이는 컨시트를 선보이고 있다. 여기서 다만 上·下라고 하는 양극성의 문자를 가지고 세웠다 뒤집었다 하면서 엉뚱하게 결합한 결론이 「정치란게 그래」로 귀결한다. 이렇게 諷詩調의 컨시트는 동떨어진 개념이나 이미지를 결합하는 데 그치는 것이 아니라, 서로 상반된 단순한 두 개의 문자로써 새로운 제3의 개념을 형성하게 한다. 이런 관점에서

諷詩調의 컨시트는 보다 다양하고 발전된 성격의 것이라 볼 수 있다.

> 박지성·박주영의 꼴은 오 코리아
> OECD국 중 환경평가 맨 꼴찌의 꼴은 어이쿠 코리아
> 둘 다 꼴은 꼴이다마는 뒤에 꼴은 노꼴만도 못해서
> — 박진환의「物神時代·191」

 지금 지구촌은 환경오염으로 인해서 점차로 죽어가고 있는 실정인데 우리나라가 OECD국 중에서 환경평가 최하위라 한다. 이 시에서는 이런 실정을 풍자적으로 꼬집고 있는데, 1~2행에서는 축구의 '꼴인'과 환경평가의 '꼴찌'란 서로 유사성이 없는 언어들을 관련 지워 '오 코리아'와 '아이쿠 코리아'라는 서로 반대되는 개념의 언어로 대비시켰고, 3행에서는 꼴찌의 '꼴'을 '노꼴'이라는 상충·상반되는 개념과 연관시킴으로써 '둘다 꼴은 꼴이다마는 뒤엣 꼴은 노꼴만도 못해서'라는 순발력 있는 기지(wit)를 보여준다. 동시에 더 나가서는 축구의 '꼴'과 환경평가 꼴찌라는 '꼴'의 두 글자들을 교묘하게 결합한 諷詩調의 컨시트의 진수를 보여주고 있다.

3. 諷詩調의 양극화 기법

 또 한 가지 諷詩調에서 가장 두드러지게 나타나는 특징 중의 하나가 양극화 현상이다. 그러기 때문에 諷詩調의 컨시트

는 동떨어지고 상반된 가장 먼 거리의 양극성을 폭력적으로 결합하는 과정이나 패러독스와 아이러니의 양면성에서 오는 강한 텐션이 諷詩調로 하여금 그만큼 응축된 의미의 비유가 되게 한다.

> 걸핏하면 여·야 율사들 발목잡느니, 발목잡히느니 해쌌는디
> 뿌리치고 혼자만 가려고 하니 그러지, 동행해봐, 왜 발목잡나
> 잡혀 부러지면 목발신세 못면해, 발목 거꾸로 해봐 목발이지
> — 박진환의「발목 거꾸로 하면 목발이지」의 전문

 분쟁과 불화의 결과가 발목이 목발로 바뀌는 기발한 발상, 곧 생명체를 비생명체로 둔갑시키는 대담한 컨시트의 수사법이 놀라움을 준다. 그 외에도 여·야 율사들, 발목잡느니 발목잡히느니, 발목과 목발 등의 양극화가 이 諷詩調 전면에서 팽팽한 긴장을 조성시켜주고 있다. 거기다가 본래 여·야가 대치하는 정치구도, 그것만으로도 양극의 역학관계를 유지하는 긴장상태인데 여기에 분쟁과 충돌이 생기면 발목이 목발이 되는 더욱더 팽팽한 긴장관계를 촉발한다. 그래서 이 諷詩調는 웃기면서도 여·야가 정치적 협력관계를 잘 유지해야만 나라가 산다는 통징적인 메시지도 담고 있는 시이다.

> 악법·약법, 청문회, FTA로 여·야 붙어도 한판 크게 붙겠다
> 탓하지 말 것이 싸워야 국회답지 잠잠하면 그게 더 두려워
> 마찬가지야, 아이들도 싸움질하면서 크지 않던가

— 박진환의 「아이들도 싸우면서 커」

이 諷詩調는 빈번히 일어나는 국회의원들의 성숙하지 못한 의결과정에서의 난투극을 한 마디로 꼬집은 시이다. 아이들이 싸우면서 커가듯이 국회의원들도 싸우면서 커가야만 하는가 하는 시인의 통탄이 곁들어있는 시이다. 가장 성숙해야 할 국회의원들과 가장 성숙하지 못한 나이인 어린이들의 양극현상을 동류부류로 간주하여 이질성 속의 유사성을 찾는 시인의 기지가 번쩍인다. 여기에는 양극간의 이질성이 유사성으로 바뀌는 과정에서 서로 잡아당기는 강력한 텐션도 드러나 있다. 「싸워야 국회답지」에서는 국회가 싸움판이 되어서야 되겠는가 하는 아이러니의 성격을 띤 레토릭도 있고 국회가 변화되기를 촉구하고 갈망하는 통징도 들어있다.

4. 諷詩調의 구조와 그 전환속도

형이상시에서와 마찬가지로 諷詩調에서도 생략된 구문을 씀으로써 의미의 탄력과 밀도를 더하게 하고, 또한 집약적 표현으로써 시의 단축을 꾀하는 기법을 강조한다. 그 결과 시 전개과정에서 그 전환 속도가 빨라지기 마련이다. 그래서 시의 구조가 3행시로 되어 있고 따라서 행의 길이가 짧으면 짧을수록 생략적 효과가 살아나서 함축성이 있는 시가 된다.

諷詩調는 평시조(平時調)와 같은 초장 중장 종장의 3행 형식의 구조이면서도 3장 6구 12음보의 정형시에 매이지 않은 자유시요, 동시에 평시조보다 더 빠르고 생동감이 있는 기승전결(起承轉結)의 전개가 있다. 따라서 諷詩調의 함축성과 텐션을 살리기 위해서는 될 수 있는 대로 행의 자수(字數)를 줄이고 생략하는 것이 좋다.

침묵이 金이라고? 순 구식
요즘 세상에선 말 잘해야 출세해
신식으론 침묵은 禁이야
— 박진환의 「침묵은 禁이야」

1행의 金이 3행에서는 禁으로 바뀐다. 1행에서 침묵은 金이란 말은 구식이요, 3행에서는 침묵이 禁이란 말로 바뀐 것이 신식이라는 것이다. '요즘 세상에선 말 잘해야 출세해'라는 새로운 진리(?)를 발견하고 시대와 더불어 급속히 변하는 처세술의 격세지감을 실토한 시라 하겠다. 또 이 시 속에는 침묵이 금(金)이었던 옛 시대가 참이요 말을 잘해야 출세한다는 현 시대가 잘못된 것이라는 시사성(示唆性)이 들어 있다. 諷詩調가 그 짧은 시로써 현시대의 많은 모순과 부조리를 다 압축하여 표현할 수 있는 것은 오로지 3행시 속에 짧은 행으로 모든 것을 소화시킬 수 있는 수용성(受容性)과 빠른 전환기능을 지탱할 수 있는 메커니즘에서 온 것이다.

銅臭에 코피터진 놈이

       銅醉로 게워내는 주정
      뭘 쳐다봐, 너나 나나 다를 것이 없는데
         — 박진환의 「物神時代·68」

 이 시는 銅臭와 銅醉를 병치하고 3행에서 '뭘 쳐다봐, 너나 나나 다를 것이 없는데'로 동류화((同類(化)시킨 해학적인 기법이 눈을 끈다. 銅臭란 말의 뜻은 돈으로 출세를 하려고 하거나 모든 것을 해결해 보려고 하는 물신주의자들을 낮잡아 하는 말인데 오늘날은 술로써 출세를 하려고 하거나 모든 문제를 해결하려고 하는 銅醉도 많다는 것이다. 銅臭와 銅醉의 내용이 담고 있는 절묘한 조화가 압축되어 이 짧은 諷詩調 한 편을 창구로 하여 오늘의 모든 시대상을 한 눈으로 볼 수 있다.

 그러나 풍조시에서 행의 자수를 줄이고 표현의 생략적인 효과를 극대화하려는 경제적인 언어구사는 아무나 할 수 있는 것이 아니다. 허다한 諷詩調에서 발견할 수 있는 것은 행이 짧으면 그 표현과 의미성도 부실한 경우가 많다는 것이다. 따라서 諷詩調는 자수(字數)를 최소화하면서도 그 함축성을 최대화할 수 있는 기법이야말로 바로 諷詩調의 완성도를 높이는 첩경임을 알게 된다.

맺는 말

 이상과 같이 諷詩調에서 보이는 수사법상의 기법이 형이상시의 그것과 유사한 점이 많다는 것을 알 수 있다. 그러나 그 구조적인 측면에서 볼 때 형이상시보다는 시가 짧고 컨시트도 형이상시보다는 언어유희의 측면에서 독특하고 문자유희의 면에서도 독보적인 경지를 보이고 있는 시라는 것이다. 諷詩調의 대부분이 명확한 양극화 구조로 되어 있고 상반되고 동떨어진 개념이나 사물을 결합하여 부조화의 조화를 이루고 있다. 또한 3행시의 짧은 시로서 생략적이고 압축적인 기법을 통해서 고도의 밀도감을 조성하기 위해 언어와 언어, 행과 행을 교합하여 전개되는 전환속도가 유달리 빠른 것도 그 특징 중의 하나라 하겠다. 이런 시의 특징 때문에 앞으로 諷詩調가 우리나라 문학의 한 장르를 이루고 발전하여 보다 큰 문학성을 발휘하는 날을 기대하여 마지않는다.

조선문학사시인선 946

諷詩調詩集 · 452

통치통초초 · 8

2024년 10월 20일 인쇄
2024년 10월 30일 발행

지은이 / 박진환
발행인 / 박진환
펴낸곳 / 조선문학사
등록번호 / 1-2733
주소 / 03730 서울 서대문구 통일로 389(홍제동)
전화 / 02-730-2255
팩스 / 02-723-9373
E-mail / chosunmh2@daum.net

ISBN 979-11-6354-318-3

정가 10,000원

※ 인지는 저자와 합의 하에 생략
※ 잘못된 책은 서점에서 교환해 드립니다.